रामायण

एक कच्ची कविता

राहुल श्रीवास्तव

Dedicating this book to my parents.

Priti - Rajesh Kumar Shrivastava

क्रम-सूची

क्रम-सूची

प्रस्तावना vii

भूमिका ix

1. बाल कांड 1

प्रस्तावना

कभी लगता है कि मेरा कोई नहीं, पर ऐसा हो सकता ही नहीं ,
आप सबके और आपसे अछूता कोई भी नहीं।

दर्द के बादल, जब बरसने लगे कहीं,
दिल से पुकारा, सिया-राम पाओगे वहीं।

माँ पिता के रूप में, हर किसी को मिलते हो यहीं,
संभाल लेते हो, लड़खड़ाते कदम जो हों कहीं।

क्या लिखूं आप पर, कि हर शब्द में आप ही हो कहीं,
दो मुझे आशिर्वाद, कि कुछ लिख पाऊँ में सही।

ना में कोई ज्ञानी, ना ही विज्ञानी में सही,
लिख रहा राम कथा, जो मैंने सुनी है कहीं।

राम चरणों में समर्पित, बस कच्ची कविता है यही,
लीजिए इसमे से कुछ, जो लगे आपको सही।
सिया राम की जय।

भूमिका

जय श्री राम !!

❦❦❦

मैं कोई विद्वान् या ज्ञानी नहीं हूँ, ना ही धर्म कि पूर्ण जानकारी होने का दावा ही करता हूँ। अपने बुजुर्गों और बड़ों से रामायण कि कहानियां सुनकर बड़ा हुआ हूँ। अब जब काफी दुनिया देख ली, तो ये समझ आया कि रामायण सिर्फ धर्म की दृष्टि से महत्वपूर्ण नहीं है, बल्कि इसका हमारे जीवन पर भी बहुत असर पढ़ सकता है और ये बात किसी भी धर्म, जाती या देश के लोगों पर लागू होती है।

❦❦❦

श्री राम चरित्र को साधारण भाषा में समझने का प्रयास है, ये एक कच्ची कविता। कच्ची इसलिए जिससे कि इसको लगातार सुधारा जा सके और आसान बनाया जा सके। इस कच्ची कविता से, मैं यदि किसी भी एक व्यक्ति तक श्री राम चरित्र का महत्व पहुंचा सका तो इस किताब का उद्देश्य पूर्ण होगा।

❦❦❦

कहते है ना राम से बड़ा राम का नाम , ऐसे ही रामायण से बड़ा है राम चरित्र।
'रामायण - एक कच्ची कविता' , श्री राम के चरणों में समर्पित करता हूँ।
जय श्री राम।

भूमिका

1. बाल कांड

एक बहुत प्रतापी राजा थे दशरथ ,
राजा का बस एक था मनोरथ ,
उनकी कौशल्या सुमित्रा कैकयी रानियाँ थीं उदास,
सब को थी बस एक पुत्र की आस ।

❧❧❧❧

राजगुरु वशिष्ट ने दिया एक सुझाव,
पुत्र प्राप्ति को दिया यज्ञ का प्रस्ताव,
प्रार्थना का फल खाया सबने मीठा,
जन्म हुआ उनका जो भविष्य में ब्याहेंगे सीता।

❧❧❧❧

सूने पड़े आँगन में खिले चार फूल,
रोशन हुआ माहौल महक उठी धूल,
राजा के राज में मना उत्सव हर ओर,
कष्टों को हरने आए देखो नव किशोर।

❧❧❧❧

ठुमक-ठुमक मटक-मटक चलते
महल कुंवरों की किलकारियों से गूंजते,
रानियों की ममता उमड़-उमड़ आती
बे-मौसम काली घटा घुमड़-घुमड़ जाती।

❧❧❧❧

दिव्य बालक थे हर विधा में आगे,
सोलह साल बड़ी तेजी से भागे,
विश्वामित्र मागने आए राम और लक्ष्मण ,
असुरों से रक्षा को चले बालक दो विलक्षण।

❧❧❧

धर्म के मार्ग पर संकट बड़े थे ,
पर वीर अपने कहाँ डरे थे,
हर उत्पाती का था एक अंजाम,
तर गए तीरों से गए राम के धाम ।

❧❧❧

एक-एक कर असुर कई मारे,
ऋषि मुनियों के काम सब संवारे,
रक्षा करी धर्म की उस पूरे वो सत्र,
विश्वामित्र से प्राप्त हुए उनको कई दिव्य अस्त्र।

❧❧❧

महिमा प्रभु की हम कहें ही क्या,
स्पर्श से पाषाण मुक्त हुई अहिल्या ।
राम ने दर्शन जब जब दिया,
सब अपवित्र को पवित्र कर दिया।

❧❧❧

गुरु आज्ञा पाकर चले राज कुँवर,
जनक पुत्री सीता का हो रहा था स्वयंवर ,

शिव धनुष को जो देगा एक बार में साध,
जनक नंदनी थामेगी बस उसी का हाथ।

❧ ❧ ❧

बड़े बड़े सूरमा जब मान गए हार,
राजा जनक को लगा ये आयोजन है बेकार,
राम ने जब साधा धनुष तो हुआ बड़ा हुंकार,
धनुष टूटा पल भर में हुआ हाहाकार,
सब देख रहे कौन हैं ये सुकुमार,
मुस्कुरा रहे खड़े देखो कैसे दशरथ कुमार।

❧ ❧ ❧

"कौन है वो दुष्ट जिसने किया ये दुस्साहस"
भगवान परशुराम का सामना करने का किसमें था साहस,
"प्रभु आपके अपराधी का स्वीकार करें प्रणाम "
हाथ जोड़े सम्मुख आए साक्षात् श्री राम।

❧ ❧ ❧

राम को देख मुस्कुराये परशुराम,
दे आशिर्वाद कि करो धरती पे अब उपकार,
जनक नंदनी आगे चलीं लेकर हाथों में हार,
राम सीता की जोड़ी को सबने किया स्वीकार।

❧ ❧ ❧

दशरथ नहीं थे देखो फूले और समाय ,
एक के संग तीन और बहू घर ले आए,
चारों पुत्र चारों पुत्र वधु जैसे चार दिशाएं,

इस परिवार पर आयें नहीं कभी कोई बलाएँ।

2. अयोध्या कांड

सुख की घड़ी बढ़ चली आया महा वियोग,
प्रभु इच्छा से हुआ कैकयी का प्रयोग,
भरत को राज्य राम का माँगा बनवास,
धर्म पथ से हटाने का कैसा कुटिल प्रयास ।

❧❧❧

वचन प्रतिज्ञा से बंधे राम स्वीकारते वियोग,
पिता पुत्र छूट रहे ये नहीं मात्र संयोग,
राम के लिए लक्ष्मण ने किया महल का त्याग,
सीता भी चल पढ़ीं वहां जहां चले उनका सुहाग।

❧❧❧

राम लक्ष्मण बढ़ चले ले सीता का साथ,
कौन जानें कि भगवान भी होंगे कभी अनाथ,
राम-वियोग राजा दशरथ सह नहीं पाए,
पिता मृत्यु सुनकर अश्रु राम के रुक न पाए ,
भारत ने वापिस अयोध्या ले जाने के अनुनय किये हज़ार ,
पर रघुकुल रीत के सामने ये सब थे बेकार ,
भरत हारकर लौट गए करके अथक प्रयास,
चौदह बरस का है ये पूरा बनवास।

❧❧❧

भाइयों में प्यार बहुत था,

पर हर एक का मार्ग पृथक था,
ले चरण पादुका राजा भरत नें कुटिया बनाई,
तो शत्रुघ्न नें हर रात पत्थर पर बिताई,
रामायण की ये कहानी दादी-नानी ने सुनाई ,
त्याग की मूरत रघुकुल के ये चारों भाई।

3. अरण्यकाण्ड

कभी ना देखा ऐसा था ये प्रयास,
नंगे पैर पथ पे चले कठिन था ये उपवास,
श्री राम मुस्काते आगे चलते जाते,
पीछे जो बनता उसको हम कहते इतिहास।

❧❧❧

हम अपने कष्टों को गाते,
हर बार भगवान को दोष लगाते,
यहां भक्तों के भक्तवत्सल प्रभु,
जंगलों में खुद पैदल मिलने आते।

❧❧❧

राम का जाप राम के साथ,
उनकी शरण में हर कोई सनाथ,
ऋषि मुनियों के दर्शन को प्यासे,
सीता-राम हर ऋषि आश्रम को जाते।

❧❧❧

वन्य जीव या फिर बनवासी,
सीता रसोई सबके लिए त्योहार सी,
दोनों भाई सबके कष्टों को हरते,
दुष्टों को संहारते धर्म की राह पर बढ़ते।

❧❧❧

तेरह बरस बीत गए इस बीच,

रावण कर बैठा तब हरकत ये नीच,

शूर्पणखा की बातों में आकर,

लक्ष्मण-रेखा पार कराकर ,

माँ सीता को हर ले गया,

जटायु का संघर्ष माँ सीता के काम न आया ,

स्वर्ण हिरण के रूप में मारीच मारा गया ।

सीता बिन राम रह गए अधूरे,

कैसे करेंगे जनक को दिए वादे अब पूरे,

लक्ष्मण व्याकुल हो उठे ऐसे,

माँ की ममता से विरक्त बच्चा हो जैसे।

राम को मिले राम रटते घायल वीर जटायु,

राम चरणों में उड़ गए उनके प्राण पखेरू,

जाते जाते राम को रावण की दिशा बता गए,

भक्त को विदा कर राम दक्षिण को कदम बढ़ा गए।

4. किष्किंधा कांड

पशु पक्षियों से पूछते वो जाते,
साक्षात् प्रभु खुद रोते और रुलाते,
इस व्याकुल घड़ी में थामा भक्त नें हाथ,
हनुमान जी लेकर उड़े दिलाने सुग्रीव का साथ।

❧❧❧

सुग्रीव का अपना ही कष्ट था,
उसके दुख का कारण उसका अग्रज था,
बाली से छुपकर ऋष्यमूक पर वो रहता था,
सुग्रीव के लूंगा मैं प्राण बाली ये कहता था ,
राम के तीर से उड़े बाली के प्राण पखेरू ,
यहां से होता है कहानी का अंतिम भाग शुरू।

❧❧❧

सुग्रीव की सेना को सीता नहीं मिल पाती,
जो लंका का पता ना देता संपाति,
संपाति जटायु का बड़ा भाई था ,
अब लंका और सेना के बीच सागर अपार था ,
लंका जाने में समस्या थी ये बड़ी भारी,
सागर पार करके जाए कौन बलशाली।

5. सुन्दर कांड

पवन गति से पार कर सागर को,
सबने विनती करी पवनपुत्र से जाने को,
श्री राम के उद्दघोष से किया लंका प्रस्थान,
नागमाता सुरसा को दिखाया उचित स्थान ,
लंका में प्रवेश किया लंकिनी पर प्रहार,
विभीषण से भेंट करी ढूँढ लिया माता का स्थान।

अशोकवाटिका में थीं माता जैसे बंदी विशेष,
हनुमान जी रह ना सके माँ की दशा ये देख ,
दी मुद्रिका माता को कहा राम संदेश,
सैना तैयार हैं लंका में करने को प्रवेश।

भूख लगी जब खाने लगे फल फूल,
राक्षस सेना को नहीं लगा ये अनुकूल,
उजाड़ दिए बगीचे महल मीनार को,
मारे राक्षस मारा अक्षय कुमार को,
इंद्रजीत ने तब चलाया ब्रह्मास्त्र ,
बंध गए महावीर ब्रह्म के सम्मान को।

रावण चला रामदूत को मारने को,

विभीषण ने समझाया पुंछ में आग लगाने को,
शब्दों से जब समझ ना आया रावण को,
जला के लंका दिखा दिया राम के प्रताप को।

राम दूत की शक्ति से रावण भी कांप गया,
उधर नल-नील ने सागर को पत्थरों से पाट दिया,
ये कार्य था विश्व को संदेश देने हेतु,
धर्म और प्रेम की मिसाल है रामसेतु।

6. लंका कांड

लंका तट पर आ गई राम की सेना,
समझाने लगे मंदोदरी विभीषण,
"लौटा दे सीता को वर्ना अंत की है तैयारी",
गुस्से मे विभीषण को रावण ने लात है मारी।

❧❧❧

रावण को लेके जाएं इससे पहले कि यमदूत ,
अंगद गए सभा में बनके राम का दूत,
समझाने का अंतिम प्रयास रहा असफल,
लंका में बढ़ गई हर ओर हलचल।

7. युद्ध

सेनाएं आमने सामने खड़ी थीं,
रणभूमि वीर योद्धाओं से भरी थीं,
अब कोई समझौता स्वीकार ना था,
किसी एक का नहीं अब ये धर्म युद्ध था ।

❧❧❧

अस्त्रों शास्त्रों के मेले लगे थे,
बड़े बड़े वीर धरती को लगे थे,
गरजे वानर श्री राम के नाम पर,
शौर्य मिलता है धर्म के पाथ पर।

❧❧❧

कुंभकर्ण राम के वाण से मारा गया ,
भाई खो रावण बौरा सा गया,
मेघनाथ ने युद्ध की कमान तब थामी,
लक्ष्मण से युद्द में शक्ति अस्त्र को उतारा गया ।

❧❧❧

लगी शक्ति घायल हुए लक्ष्मण,
सही सलामत लाने का जैसे टूट रहा था प्रण,
एक रात में जाकर संजीवनी ला के दी,
हनुमान जी के होते कैसे टूटे राम का प्रण ।

❧❧❧

जाग उठे लक्ष्मण जान में जान आयी,
राम लगा हनुमान को गले बोले तुम भरत से भाई,
राम के आशीष पाकर लक्ष्मण नें की फिर से चढ़ाई,
मेघनाथ समझ गया कि अब उसकी बारी है आयी।

❧ ❧ ❧

कुम्भकर्ण मेघनाथ के जाने के बाद,
सूनी हुई लंका जो कभी थी आबाद,
एक गलती रावण को भी पड़ गई थी भारी,
क्या होगा उनका जो आज नारी के हैं अत्याचारी ।

❧ ❧ ❧

नाउम्मीद रावण युद्ध में उतरा आखिर,
सोच रहा है क्यूँ किया ये सब मैंने आखिर,
किसी के घर की लक्ष्मी पर नज़र जो डालोगे,
अपने साथ साथ पूरे वंश को नष्ट कर डालोगे।

❧ ❧ ❧

ना कोई तीर राम ने नाभि पर मारा था,
ना किसी विभीषण ने भाई को ललकारा था,
ये रावण का किया कुकर्म था,
जिसने दशानन मृत्युविजेता को मारा था।

❧ ❧ ❧

राम और सीता तब मिले,
बुरे पल जब अग्नि परीक्षा में जले,

राहुल श्रीवास्तव

पुष्पक विमान का मिला जब सहारा,
दिवाली पर एक हुआ परिवार फिर सारा।

❧❧❧

बोलो सियावर रामचन्द्र की जय!!
पवनसुत हनुमान की जय !!